Neue deutsche Rechtschreibung

kurz und klar

Regeln
Erläuterungen
Beispiele

von

Hans Lambrich

Margit Lambrich

Klaus-Wilfried Schwichtenberg

Winklers

Vorbemerkungen

Diese Broschüre will Ihnen helfen, korrekt nach der amtlichen Regelung der deutschen Rechtschreibung zu schreiben. Es gilt, die **neueste** Rechtschreibung (gültig seit 1. August 2006) zu beachten.

Alle Beispiele sind kursiv wiedergegeben. In schwarzer Schrift finden Sie die weiterhin geltenden Schreibungen der „neuen Rechtschreibung". Der Rotdruck zeigt Ihnen solche Wörter, deren Schreibung 2006 geändert wurde.

Die Rechtschreibregeln enthalten viele grammatische Fachausdrücke; sie werden in dieser Broschüre lateinisch bezeichnet. Die deutschen Bezeichnungen dafür finden Sie auf der 3. Umschlagseite.

Der Abschnitt 5 „Wichtige Kommaregeln" informiert Sie ausführlich über die korrekte Kommasetzung.

Haupt- und Nebenformen

Für manche Wörter gibt es zwei zulässige Schreibungen. Die in den Wörterbüchern stehende erste Schreibung ist die Hauptform. Es empfiehlt sich, die Hauptform zu bevorzugen, doch gelten die Nebenformen ebenfalls als korrekt. Innerhalb eines Textes sollten Sie aber nicht zwischen Haupt- und Nebenformen wechseln, sondern die einmal gewählte Form beibehalten.

Beachten Sie: Die Rechtschreibung 2006 unterscheidet wieder stärker zwischen konkreter (wirklicher) und übertragener Bedeutung. In solchen Fällen zeigen die Wörterbücher zunächst die konkrete Bedeutung und – nach einem Schrägstrich – die übertragene: *schwer fallen/schwerfallen; sitzen bleiben/sitzenbleiben.*

9., überarbeitete Auflage, 2010
Druck 1, Herstellungsjahr 2010

Westermann Schroedel Diesterweg
Schöningh Winklers GmbH
Postfach 33 20, 38023 Braunschweig
Telefon: 01805 996696* Fax: 0531 708-664
service@winklers.de
www.winklers.de
Druck: westermann druck GmbH, Braunschweig
ISBN 978-3-8045-**4314**-0
*14 ct/min aus dem deutschen Festnetz, Mobilfunk maximal 42 ct/min

1 Laut-Buchstaben-Zuordnungen

Damit das vertraute Schriftbild weitgehend erhalten bleibt, hat die neue Rechtschreibung in der Schreibung der Laute nur wenig geändert. Beseitigt wurden aber Fälle, in denen stammverwandte Wörter unterschiedlich zu schreiben waren, z. B. *Platz : plazieren;* jetzt: *Platz – platzieren.*

1.1 s-Laute

[Kuss – küssen]

Die *ß/ss*-Schreibung ist einfacher geworden.

REGEL: Nach kurzem, betontem Vokal wird ß immer zu ss.

Hass (wie *hassen*), *hässlich*; *Kuss* (wie *küssen*); *lässt* (wie *lassen*); *muss* (wie *müssen*), *musste*, *gemusst*; *passt* (wie *passen*), *Pass* usw.

[dass – sodass/so dass]

Nach der Grundregel „s wird nach kurzem, betontem Vokal immer zu ss“ sind jetzt auch die Konjunktionen *dass* und *sodass/so dass* mit *ss* zu schreiben. Die Schreibung *sodass* gilt als Hauptform:

Ich hoffe, dass alle die neueste Rechtschreibung bald beherrschen.

Dass das so ist, davon bin ich überzeugt.

Ich nehme an, dass dir das Buch, das ich dir geliehen habe, gefallen hat.

Mein Freund war sehr krank, sodass er nicht kommen konnte.

Beachten Sie: Bei langem Vokal oder nach einem Diphthong wird (wie bisher) *ß* geschrieben: *Gruß – grüßen.*

Fleiß, fleißig; Floß; Fuß, Füße; Grieß; Gruß, grüßt; Maß, Maße usw.

[fließen : Fluss]

Beachten Sie: In manchen Wortfamilien mit s-Laut wechseln lange und kurze Vokale. Dies führt zu unterschiedlichen Schreibungen.

langer Vokal	kurzer Vokal
fließen	***floss, Fluss***
reißen	***riss***
schießen	***schoss***

1.2 Schreibungen nach kurzem, betontem Vokal

[tippen – Tipp]

Durch die Änderungen wird erreicht, dass die Schreibung stammverwandter Wörter übereinstimmt.

bisher schon	jetzt ebenso
(die) *Asse*	(das) ***Ass***
Karamelle	***Karamell****(pudding)*
Messe	***Messner, Messmer*** (auch: *Mesner, Mesmer)*
moppen	***Mopp*** *(Staubbesen)*
Nummer	***nummerieren*** (aber: *numerisch)*
Platz	***platzieren***
steppen	***Stepp****(tanz)*
Stuck	***Stuckateur***
tippen	***Tipp***
toll	***Tollpatsch***

1.3 Schreibungen nach langem, betontem Vokal

[Emu – Känguru]

Die neuen Schreibungen sind an ähnliche angeglichen.

Ähnliche Wörter	jetzt ebenso
Emu, Gnu, Kakadu	***Känguru***
blau, genau, grau	***rau, raue, raues, Raufaser*** usw.

Beachten Sie (wie bisher schon): *Kuh – Kühe*

1.4 Umlaute

[Gams – Gämse; blau – verbläuen]

Der Vokal e und der Diphthong *au* werden jetzt in den stammverwandten Wörtern zu *ä* bzw. *äu* umgelautet. Bisher wurden diese Wörter mit e bzw. *eu* geschrieben:

Vokal a/Diphthong au	Umlaut ä/Diphthong äu
Band	***Bändel*** *(Schuhbändel)*
blau	***verbläuen***
Gams	***Gämse***
Grauen	***Gräuel***
Lamm	***belämmert***
Quantum	***Quäntchen***
Schnauze	***schnäuzen***
Stange	***Stängel***
Überschwang	***überschwänglich***

Beachten Sie: Nebenformen haben *aufwendig/aufwändig; Schenke/Schänke.* – Unverändert sind: *aufwenden, die Aufwendungen; alt : Eltern.*

1.5 Fremdwörter

Viele Fremdwortschreibungen sind seit langem eingedeutscht (integriert), z. B. *Korrespondenz* aus dem Französischen *correspondance*, *Streik* aus dem Englischen *strike*. Diese Integration ist aber keineswegs abgeschlossen. Daher gibt es für zahlreiche Fremdwörter Doppelschreibungen. Die folgende Übersicht erfasst nur einige Beispiele:

1.5.1 Andere Vokale und/oder Konsonanten

fremdsprachliche Schreibung	integrierte Schreibung
Bonbonniere	***Bonboniere***
Bravour	***Bravur***
Chicorée	***Schikoree***
Crêpe	***Krepp***
Exposé	***Exposee***
Facette	***Fassette***
Glacé	***Glacee***
Hämorrhoide	***Hämorride***
Katarrh	***Katarr***
Kommuniqué	***Kommunikee***
Myrrhe	***Myrre***
Panther	***Panter***
potentiell	***potenziell***
Spaghetti	***Spagetti***
substantiell	***substanziell***
Thunfisch	***Tunfisch***
Varieté	***Varietee***
Waggon	***Wagon***

1.5.2 phon/fon – phot/fot – graph/graf

Schon bisher wurden diese Wortbestandteile aus dem Griechischen in gebräuchlichen Wörtern meist mit *f* geschrieben. Diese Tendenz zeigt sich verstärkt in der neuen Rechtschreibung. Korrekt sind beide Schreibungen. Die Übersicht auf Seite 6 erfasst nur einige Beispiele:

Schreibung mit *f*	Schreibung mit *ph*
Bibliografie	*Bibliographie*
Biografie	*Biographie*
Choreografie	*Choreographie*
Fonogramm	*Phonogramm*
Fonotypie	*Phonotypie*
Geografie	*Geographie*
Grafik	*Graphik*
Grafologie	*Graphologie*
Megafon	*Megaphon*
Orthografie	*Orthographie*
Paragraf	*Paragraph*
Saxofon	*Saxophon*
Typografie	*Typographie*
Vibrafon	*Vibraphon*

1.6 Zusammensetzungen

[Rohheit]

REGEL: Wenn Wörter erweitert oder zusammengesetzt werden, fällt kein Buchstabe weg.

roh + heit	=	***Rohheit***
zäh + heit	=	***Zähheit***
zier + rat	=	***Zierrat*** (wie ***Vorrat***)

[selbständig/selbstständig]

Auch bei *selbständig* kann so verfahren werden: *selbst + ständig = selbstständig.*

Zusammentreffen von drei gleichen Buchstaben

[Schifffahrt]

REGEL: Beim Zusammentreffen von drei gleichen Buchstaben fällt keiner weg.

Diese Regel galt in der alten Rechtschreibung nur dann, wenn ein weiterer Konsonant folgte. Bei einem darauffolgenden Vokal wurden nur zwei gleiche Buchstaben geschrieben: *Stickstoff + Flasche = Stickstoffflasche;* dagegen *Schiff + Fahrt = Schiffahrt.*

ff-f	*Schiff + Fahrt*	=	***Schifffahrt***
ll-l	*schnell + Läufer*	=	***Schnellläufer***
mm-m	*Programm + Musik*	=	***Programmmusik***
nn-n	*Brenn + Nessel*	=	***Brennnessel***
pp-p	*Papp(e) + Plakat*	=	***Pappplakat***
rr-r	*Geschirr + Reiniger*	=	***Geschirrreiniger***
ss-s	*Stress + Situation*	=	***Stresssituation***
tt-t	*Bett + Tuch*	=	***Betttuch : Bettuch*** *(beim jüdischen Gottesdienst)*

Beachten Sie (wie bisher schon)*: denn + noch = dennoch; Dritt + tel = Drittel; Mitt(e) + Tag = Mittag*

REGEL: Auch beim Zusammentreffen von drei gleichen Vokalen fällt kein Buchstabe weg.

ee-e	*Tee + Ernte*	=	***Teeernte***
ii-i	*Hawaii + Insel*	=	***Hawaiiinsel***
oo-o	*Zoo + Orchester*	=	***Zooorchester***

Beachten Sie: Treffen in Zusammensetzungen drei gleiche Buchstaben aufeinander, darf zur besseren Übersicht auch ein Bindestrich gesetzt werden: *Tee-Ernte; Schiff-Fahrt.* (Bitte vergleichen Sie hierzu auch Abschnitt 3.6.)

2 Getrennt- und Zusammenschreibung

Die Getrennt- und Zusammenschreibung gehört auch nach den beiden Reformen zu den schwierigsten Kapiteln der deutschen Rechtschreibung. Dies liegt vor allem daran, dass Sie zwischen Wortgruppen und Zusammensetzungen unterscheiden müssen, was nicht immer leicht ist.

Eine WORTGRUPPE besteht aus zwei oder mehr grammatisch selbstständigen Wortformen: *Auto fahren, in Betracht ziehen.*

Eine ZUSAMMENSETZUNG bildet als Ganzes eine einzige Wortform: *brandmarken, fernsehen.*

**REGEL: Wortgruppen werden getrennt,
Zusammensetzungen schreibt man zusammen.**

Hinweis: Einige Regeln für die Getrennt- und Zusammenschreibung betreffen naturgemäß auch die Groß- und Kleinschreibung. Bitte beachten Sie deshalb auch Abschnitt 4.1.1.

2.1 Verbindungen mit einem Verb als zweitem Bestandteil

Verben können mit anderen Bestandteilen Verbindungen bilden:

Verb und Verb oder Verb und Partizip:	*Sie will mit uns spazieren gehen.* *Sie ist mit uns spazieren gegangen.*
Adjektiv und Verb:	*Frau Klein möchte das alte Kleid blau färben.*
Adverb und Verb:	*Paul sollte sich nicht immer danebenbenehmen.*
Substantiv und Verb:	*Mein Freund kann gut Auto fahren.*

2.1.1 Verbindungen von Verb und Verb (sowie Verb und Partizip)

[lesen üben]

REGEL: Wenn beide Verben noch ihre eigene Bedeutung haben, schreibt man getrennt.

Paul will fleißig lesen üben (hat lesen geübt). Es werden gute Hilfskräfte arbeiten kommen (sind arbeiten gekommen). Am Sonntag möchten wir baden gehen (sind baden gegangen). Das Baby sollte nicht zu früh laufen lernen (hat laufen gelernt).

[sitzen bleiben/sitzenbleiben – gehen lassen/gehenlassen – kennen lernen – kennenlernen]

REGEL: Bei Verbindungen mit *bleiben* und *lassen* als zweitem Bestandteil können Sie zwischen konkreter (wirklicher) und übertragener Bedeutung unterscheiden.

Opa möchte im Sessel sitzen bleiben (ist sitzen geblieben). Der faule Schüler wird wohl sitzenbleiben (nicht versetzt werden). Er ist sitzengeblieben.

Man sollte den Ausländer hier bleiben lassen. Solche Bemerkungen sollte man lieber bleibenlassen (wurden bleibengelassen).

Der Nagel kann dort stecken bleiben (ist stecken geblieben). Niemand möchte in seiner Rede steckenbleiben (ist aber steckengeblieben).

Der Vater will den Jungen nicht nach Berlin fahren lassen (wurde nicht fahren gelassen). Wir dürfen die Hoffnung nicht fahrenlassen (haben sie nicht fahrengelassen).

[kennen lernen/kennenlernen]

Auch bei dieser Verbindung ist eine Unterscheidung zwischen konkreter und übertragener Bedeutung möglich:

Am nächsten Sonntag werden Sie auch Herrn Müller kennen lernen (zum ersten Mal). Am vergangenen Sonntag haben Sie auch Herrn Müller kennen gelernt. Den schwierigen Vorgesetzten konnte ich erst nach längerer Zusammenarbeit kennenlernen. Nun habe ich ihn aber gründlich kennengelernt. – Sie werden mich noch kennenlernen (Drohung).

Beachten Sie: Durch die Verbindung entsteht ein neuer Begriff (übertragene Bedeutung). Aber auch bei übertragener Bedeutung ist Getrenntschreibung korrekt. Doch dadurch verzichten Sie auf die Unterscheidung zwischen konkreter und übertragener Bedeutung.

Bei substantivischem Gebrauch wird selbstverständlich in all diesen Fällen zusammen- und großgeschrieben: *das Sitzenbleiben, zum Kennenlernen.*

2.1.2 Verbindungen mit dem Verb „sein"

[pünktlich da sein; pünktlich da gewesen]

REGEL: Verbindungen mit dem Verb *sein* sind immer getrennt zu schreiben, hierzu gehört auch *gewesen* (eine Ableitung von *sein*).

Ich möchte unbedingt dabei sein. Ist wirklich alles schon einmal da gewesen? Unser Chef will auch dabei sein. Alle Mitarbeiterinnen sind ebenfalls dabei gewesen. Der Alte soll noch gut beieinander sein.

Beachten Sie: Bei substantiviertem Gebrauch wird zusammen- und großgeschrieben:

Er führt ein bescheidenes Dasein. Auf das Dabeisein kommt es an. Alle Dabeigewesenen waren begeistert.

2.1.3 Verbindungen von Partizip und Verb

[bekannt machen/bekanntmachen]

REGEL: Auch bei Verbindungen von Partizip und Verb ist die Unterscheidung zwischen konkreter und übertragener Bedeutung möglich, aber ebenfalls freigestellt.

Darf ich Sie mit Frau Weber bekannt machen? Wir wollen die Geschäftseröffnung in der Tageszeitung bekannt machen/bekanntmachen.

Beachten Sie: Bei Verbindungen mit *gefangen* und *verloren* ist Getrennt- oder Zusammenschreibung möglich: *gefangen nehmen/gefangennehmen; verloren gehen/verlorengehen.*

2.1.4 Verbindungen von Adjektiv und Verb

[offen bleiben/offenbleiben]

REGEL: Wenn Adjektiv und Verb eine neue Bedeutung bilden, wird zusammengeschrieben. Bei wörtlicher Bedeutung schreibt man getrennt.

Dieses Fenster muss aber offen bleiben. Keine dieser Fragen sollte noch länger offenbleiben.

Der Abgeordnete kann frei sprechen/hat frei gesprochen. Der Richter wird den Angeklagten freisprechen/hat ihn freigesprochen.

Das Wort „Buch" wird immer großgeschrieben. Bei uns wird Teamarbeit schon immer großgeschrieben (für wichtig genommen).

Der Märtyrer wurde schon lange selig-, aber erst viel später heiliggesprochen.

Warum muss Beate immer so heimlichtun (geheimnisvoll)?

Auf der Ansichtskarte hat sie sehr klein geschrieben. Wann wird ein Substantiv kleingeschrieben?

Der Hausarzt wird ihn für eine Woche krankschreiben.

Die Pegelstände sind leicht gefallen. Die Aufgabe ist den meisten Schülern leichtgefallen.

Doris und Paul können ruhig näher kommen. Wir hoffen, dass wir schon bald einer Lösung näherkommen.

Achten Sie darauf, die Möbel im Wohnzimmer richtig zu stellen. Es ist wichtig, falsche Behauptungen richtigzustellen.

Der Verletzte war auf dem glatten Boden schwer gefallen. Es wird uns nicht schwerfallen, Ihren Kunden zu beraten.

Vermutlich wird uns nichts anderes übrigbleiben. Auch der neue Katalog soll nichts zu wünschen übriglassen.

[leer essen/leeressen; bereit erklären/bereiterklären]

REGEL: Sie können getrennt oder zusammenschreiben, wenn das Adjektiv das Ergebnis eines Geschehens bezeichnet *(leer essen/leeressen)*. **– Getrennt- oder Zusammenschreiben ist immer möglich, wenn sich nicht klar entscheiden lässt, ob ein neuer Begriff vorliegt** *(bereit erklären/bereiterklären)*.

Das Kind sollte seinen Teller leer essen/leeressen. Es hat ihn wieder nicht leer gegessen/leergegessen.

Wir hoffen, dass sich Ihr Kunde dazu bereit erklärt/bereiterklärt.

Das neue Spielzeug kann leicht kaputt gehen/kaputtgehen. Es ist sehr schnell kaputt gegangen/kaputtgegangen.

Mit diesem Gerät lässt sich der Boden leicht trocken wischen/trockenwischen.

431410

Gewiss möchten auch Sie Ihre Kunden zufrieden stellen/zufriedenstellen. Wir sind davon überzeugt, diesmal Ihren Kunden zufrieden zu stellen/zufriedenzustellen. Konnten Sie wieder ein zufrieden stellendes/zufriedenstellendes Ergebnis erzielen?

2.1.5 Verbindungen von Adverb und Verb

[abhandenkommen]

REGEL: Die zusammengesetzten Adverbien *abhanden, anheim, überhand, vonstatten, vorlieb* **und** *zugute* **werden mit dem folgenden Verb zusammengeschrieben.**

Dieser Schmuck darf nicht abhandenkommen. Es sei ihm anheimgestellt. Die Beschwerden haben überhandgenommen. Die Genesung wird nur langsam vonstattengehen. Wir müssen mit dem Rest vorliebnehmen. Der Vorteil wird auch Ihnen zugutekommen.

[aneinander denken – aneinandergrenzen – wieder gewinnen/wiedergewinnen]

REGEL: Hat das Adverb noch seine ursprüngliche Bedeutung (selbstständiges Adverb), schreibt man vom Verb getrennt. – Entsteht durch die Verbindung ein neuer Begriff, schreibt man zusammen. – Bei der Zusammensetzung liegt die Betonung auf dem Adverb.

Wir werden oft aneinander denken. Man sollte mehr aufeinander hören und aufeinander achten. Wann werden die Teams gegeneinander antreten? Sie dürfen nicht so viel durcheinander trinken. Sie möchte künftig dort wohnen. Lassen Sie uns noch mal darüber reden. Bitte nur rückwärts einparken!

Der Prüfling ließ sich nicht durcheinanderbringen. Die neuen Garagen werden aneinandergrenzen. Warum sind die Streitenden aneinandergeraten? Es hat keinen Sinn, immer durcheinanderzureden. Sie will noch ein paar Tage dortbleiben.

Die Teilnehmer sollten sich nicht so weit auseinander setzen. Mit solchen Vorwürfen müssen Sie sich auseinandersetzen. Dahinter (nach der Personengruppe) kamen die Festwagen. Auch wir werden mit der Zeit dahinterkommen (erkennen, entdecken). Darüber (über dem Schreibtisch) stehen Nachschlagewerke. Sie sollten den Vorwurf ignorieren und darüberstehen. Wir wollen auch den steilen Pfad aufwärts gehen. Mit der Firma wird es bald aufwärtsgehen.

Unsere Mannschaft möchte auch das nächste Spiel wieder gewinnen. Paul sollte endlich sein Selbstvertrauen wiedergewinnen. Wir müssen das Möbelstück zusammen tragen (gemeinsam). Wir wollen die einzelnen Blätter zusammentragen (sammeln).

2.1.6 Verbindungen von Substantiv und Verb

[Rad fahren]

REGEL: In festen Gefügen wird das Substantiv vom Verb getrennt und großgeschrieben.

Morgen wollen wir zusammen Rad fahren. Bereits im vorigen Monat sind wir zusammen Rad gefahren. Der Zuckerkranke muss wieder Diät leben. Seit einigen Wochen hatte er nicht mehr Diät gelebt. Die Senioren wollen jetzt samstags Kegel schieben. Früher haben sie immer sonntags Kegel geschoben. Meine Freundin kann sehr flott Maschine schreiben. Bei den Meisterschaften hat sie am schnellsten Maschine geschrieben.

[leidtun – tut leid]

REGEL: Hat das Substantiv seine Selbstständigkeit weitgehend verloren, schreibt man es mit dem Verb zusammen, dies gilt auch bei getrennter Stellung.

Das wird ihm noch leidtun. Tut es ihnen wirklich leid? Bestimmt hat es ihr leidgetan. Das braucht uns aber nicht leidzutun.

Bei dieser Temperatur lässt sich sehr gut eislaufen. Der Spitzensportler läuft jeden Tag eis. Schon als 10-Jähriger ist er eisgelaufen.

Beim Volksfest wird die ganze Stadt kopfstehen. An Fastnacht steht diese rheinische Gemeinde immer kopf.

Wegen der schlechten Haushaltslage werden Einsparungen nottun. Sparen tut bei der schlechten Haushaltslage not.

[Maß halten/maßhalten]

REGEL: Einige Verbindungen von Substantiv und Verb können als Wortgruppe oder als Zusammensetzung aufgefasst werden. Daher ist bei solchen Verbindungen Getrennt- oder Zusammenschreibung möglich.

Peter will künftig im Essen Maß halten/maßhalten. Doris hat schon immer im Essen Maß gehalten/maßgehalten. Für sie ist es ganz selbstverständlich, Maß zu halten/maßzuhalten.

Die Eltern müssen auf ihre Kinder Acht geben/achtgeben. Der Fahrer hat beim Einparken nicht Acht gegeben/achtgegeben. Wir empfehlen allen Reisenden, auf ihr Gepäck Acht zu geben/achtzugeben.

Erst auf dem Berggipfel wollen wir Halt machen/haltmachen. In der Hütte haben wir diesmal nicht Halt gemacht/haltgemacht. Ich weiß nicht, ob es sich lohnt, hier Halt zu machen/haltzumachen.

431412

2.2 Verbindungen von Adjektiven oder adjektivisch gebrauchten Partizipien

Verbindungen dieser Art können als Wortgruppe (= Getrenntschreibung) oder als Zusammensetzung (= Zusammenschreibung) verstanden werden.

2.2.1 Verbindungen mit einem ungebeugten Adjektiv

[allgemein gültig/allgemeingültig]

REGEL: In Verbindung mit einem ungebeugten Adjektiv ist Getrennt- oder Zusammenschreibung möglich.

eine allgemein gültige/allgemeingültige Regelung, die eng befreundeten/engbefreundeten Mitglieder, der früh verstorbene/frühverstorbene Maler, ein schwer kranker/schwerkranker Kollege, nur leicht verdauliche/leichtverdauliche Speisen, diese schwer verständliche/schwerverständliche Formulierung

Beachten Sie: Ist der erste Bestandteil erweitert oder gesteigert, wird getrennt geschrieben: *besonders schwer verständlich, schwerer verständlich.*

2.2.2 Verbindungen mit „nicht(s)“

[eine nicht öffentliche/nichtöffentliche Sitzung]

REGEL: Wird die Verbindung als Wortgruppe verstanden, schreibt man getrennt, wird sie als Zusammensetzung verstanden, schreibt man zusammen.

eine nicht amtliche/nichtamtliche Mitteilung, diese nicht berufstätige/nichtberufstätige Frau, seine nichts sagende/nichtssagende Äußerung

Beachten Sie: Bezieht sich *nicht* auf den ganzen Satz, wird vom Adjektiv getrennt geschrieben: *Die Sitzung findet nicht öffentlich statt.*

2.2.3 Verbindungen mit einem adjektivisch gebrauchten Partizip

[oben erwähnt/obenerwähnt]

REGEL: In Verbindung mit einem Partizip ist mit *oben, unten* und *viel* Getrennt- oder Zusammenschreibung möglich.

die oben erwähnten/obenerwähnten Teilnehmer, der oben genannte/obengenannte Redner, die unten genannten/untengenannten Anschriften, eine viel befahrene/vielbefahrene Straße, dieser viel gekaufte/vielgekaufte Artikel

[allein erziehend/alleinerziehend – selbst gemacht/selbstgemacht]

REGEL: In Verbindung mit adjektivisch gebrauchtem Partizip ist mit *allein* und *selbst* Getrennt- oder Zusammenschreibung möglich.

die allein erziehende/alleinerziehende Mutter; ein selbst ernannter/selbsternannter Experte, der selbst gebackene/selbstgebackene Kuchen

2.2.4 Verbindungen von Substantiv und adjektivisch gebrauchtem Partizip

[die herzergreifende Story :
die Eisen verarbeitende/eisenverarbeitende Industrie]

REGEL: Ist in der Verbindung ein Artikel oder eine Präposition erforderlich, schreibt man zusammen. Ist kein Artikel oder keine Präposition erforderlich, kann sowohl getrennt als auch zusammengeschrieben werden.

Tipp: Machen Sie im Zweifelsfall die Probe, indem Sie statt des attributiven Partizip Präsens einen Relativsatz bilden:

Gefällt dir die Story, die das Herz ergreift? (In *herzergreifend* ist der Artikel *das* erforderlich). *Kennst du die Burg, die von Sagen umwoben ist?* (In *sagenumwoben* ist die Präposition *von* erforderlich.)

Kennst du den Bericht der Industrie, die (das) Eisen verarbeitet? (Hier ist der Artikel *das* nicht erforderlich; daher ist Getrennt- oder Zusammenschreibung möglich.)

Nur Zusammenschreibung, weil ein Artikel (eine Präposition) erforderlich ist:

der atemberaubende Krimi, diese existenzbedrohende Lage, unser federführendes Mitglied, ein freudestrahlender Sieger, dieser richtung(s)weisende Beschluss, ein weltumspannendes Netz, der wohnungsuchende Mitarbeiter

Getrennt- oder Zusammenschreibung, weil kein Artikel (keine Präposition) erforderlich ist:

die Ackerbau treibende/ackerbautreibende Bevölkerung, diese Aufsehen erregende/aufsehenerregende Meldung, ein Ekel erregender/ekelerregender Anblick, ein Gefahr bringender/gefahrbringender Bauplatz, die Laub tragenden/laubtragenden Bäume, für Musik liebende/musikliebende Schüler, alle Wasser abstoßenden/wasserabstoßenden Stoffe

2.3 Andere Wortarten

[ebenso gut]

REGEL: Man schreibt *ebenso* vom folgenden Adverb oder Adjektiv immer getrennt.

Unser Gerät ist mindestens ebenso gut wie das vergleichbare der Konkurrenz. Wir hätten ebenso gut zu Hause bleiben können. Die Lieferzeit für Artikel 10 ist leider ebenso lang wie für Artikel 20. Max hat diese Fernsehsendung ebenso oft gesehen wie ich. Die Großhändler waren ebenso sehr enttäuscht wie die Einzelhändler. Die Firma Weber & Co. hat ebenso viele Außendienstmitarbeiter wie wir. Mit einem solchen Verlust haben wir ebenso wenig gerechnet wie Sie. Die Bahnstrecke ist ebenso weit wie die Autobahnstrecke.

[irgendetwas – irgendjemand]

REGEL: Auch die Verbindungen *irgendetwas* und *irgendjemand* werden (wie *irgendeinmal, irgendwann, irgendwie, irgendwo*) zusammengeschrieben.

Hatten Sie irgendetwas zu beanstanden? Hat irgendjemand nach mir gefragt?

Verbindungen mit „Mal"

[manches Mal : manchmal]

REGEL: Getrennt schreibt man, wenn *Mal* durch die Beugung des davorstehenden Wortes als Substantiv erkennbar ist: *manches Mal*. Zusammen schreibt man, wenn *Mal* adjektivisch gebraucht wird: *manchmal*.

Wir haben schon manches Mal : manchmal darüber gesprochen. Gestern hat das Unternehmen zum ersten Mal : erstmals in Hannover ausgestellt. Das letzte Mal war die Firma nur auf der Kölner Messe vertreten. Unser Mitarbeiter hatte beim ersten Mal keinen Erfolg. Inzwischen hat er den neuen Artikel Dutzend Male : dutzendmal (sehr oft) verkauft.

Verbindungen mit „viel" und „wenig"

[Er weiß zu viel. – Es sind zu wenig Mittel vorhanden.]

REGEL: Immer getrennt werden die Adverbien *so viel, so viele, wie viel, wie viele, zu viel, zu viele, wie wenig, zu wenig.*

Wie viel kostet diese Ware? Wissen Sie, wie viel Zeit vergangen ist? Wie viel mehr muss ich Ihnen dankbar sein. Das ist zu viel des Guten. Wir haben schon viel zu viel verloren. Besser zu viel als zu wenig wiederholen. Wie wenig hat er bezahlt? Das war aber zu wenig. Es war sogar viel zu wenig.

Beachten Sie: Unterscheiden muss man zwischen den Adverbien *so viel/so wenig* und den Konjunktionen *soviel/sowenig.*

[So viel für heute. Er wusste so wenig, dass er ...]
[Soviel ich weiß, ist ... – Sowenig ich einsehe, dass ...]

REGEL: Die Adverbien *so viel* **und** *so wenig* **werden getrennt geschrieben.**

Adverbien: *Das ist so viel wie eine Zusage. Wir können liefern, so viel Sie wünschen. Wir wollen so viel wie möglich verkaufen. Darum haben wir doppelt so viel eingekauft.*

Konjunktionen: *Soviel ich weiß, soviel uns bekannt ist, soviel wir erfahren konnten. Sowenig ich einsehen kann, dass ... Sowenig wir damit einverstanden sind, so können wir doch nicht ...*

3 Bindestrich

Der Bindestrich dient dazu, in Zusammensetzungen die Übersicht zu er-höhen.

3.1 Verbindungen aus Ziffern oder Zahlen mit Suffixen

[3-teilig – zum x-ten Mal]

REGEL: Man setzt einen Bindestrich in Zusammensetzungen mit Ziffern, Zahlen oder Einzelbuchstaben.

3-silbig, 5-seitig, 6-Zylinder, 18-jährig, der 18-Jährige, keine 100-prozentige Lösung, x-mal da gewesen/dagewesen, x-beliebige Leute, der x-te Tag

Zusammensetzungen mit mehreren Buchstaben: *100%ige Lösung, 96er-Jahrgang, genau ein 17tel, mindestens ein 21stel*

Ausgeschriebene Ziffern oder Zahlen: *die Siebenjährige, der Achtzehnjährige, die Neunzigerjahre* (auch: *neunziger Jahre)*

3.2 Verbindungen mit dem Wortteil „-fach"

[5-fach/5fach]

REGEL: Der Wortteil *-fach* **kann mit oder ohne Bindestrich an die Ziffer angehängt werden.**

eine 5-fache/5fache Bereifung, das 5-Fache/5fache berechnen. (in Buchstaben: *das Fünffache berechnen*)

3.3 Substantivisch gebrauchte Zusammensetzungen (Aneinanderreihungen)

[das Entweder-oder – ein Sowohl-als-auch]

REGEL: Man setzt Bindestriche in substantivisch gebrauchten Zusammensetzungen (Aneinanderreihungen); dabei wird nur das erste Wort großgeschrieben.

Hier gibt es nur ein Entweder-oder. Es wurde lang und breit das Sowohl-als-auch diskutiert. Mit einem Teils-teils können wir nichts anfangen.

3.4 Hervorhebung einzelner Bestandteile

[ein Icherzähler/Ich-Erzähler]

REGEL: Man kann einen Bindestrich setzen, um einzelne Bestandteile hervorzuheben.

zu viele Dasssätze/dass-Sätze, ein echtes Ahaerlebnis/Aha-Erlebnis, etwas so richtig begreifen/be-greifen, die Hochzeit/Hoch-Zeit des Jugendstils, ein bisschen verrückt/ver-rückt

3.5 Unübersichtliche Zusammensetzungen

[Umsatzsteuertabelle/Umsatzsteuer-Tabelle]

REGEL: Ist die Zusammensetzung unübersichtlich, kann man einen Bindestrich setzen.

beim Leichtathletikländerkampf/Leichtathletik-Länderkampf,
in der Lottoannahmestelle/Lotto-Annahmestelle,
diese Quecksilberdampflampe/Quecksilberdampf-Lampe,
ein Ultraschallmessgerät/Ultraschall-Messgerät

3.6 Zusammentreffen von drei gleichen Buchstaben

[Betttuch/Bett-Tuch; Teeernte/Tee-Ernte]

REGEL: Beim Zusammentreffen von drei gleichen Buchstaben in Zusammensetzungen kann man einen Bindestrich setzen (vgl. auch Abschnitt 1.6).

in der Schifffahrt/Schiff-Fahrt, auf einem Schrotttransport/Schrott-Transport; während der Teeernte/Tee-Ernte, auf einer Hawaiiinsel/Hawaii-Insel, neues Zooorchester/Zoo-Orchester

3.7 Wörter aus dem Englischen

[Shoppingcenter/Shopping-Center]

REGEL: Auch die aus dem Englischen (und anderen Sprachen) stammenden Verbindungen aus Substantiv + Substantiv können zur besseren Übersicht einen Bindestrich erhalten.

Blackout/Black-out, Centrecourt/Centre-Court, Desktoppublishing/ Desktop-Publishing, Fulltimejob/Fulltime-Job, Midlifecrisis/Midlife-Crisis, Playback/Play-back

4 Groß- und Kleinschreibung

Das Hauptproblem bei der Groß- und Kleinschreibung liegt darin, dass auch andere Wortarten als Substantive gebraucht werden können und dann großzuschreiben sind: *das Rauchen, etwas Gutes, das Beste, Jung und Alt, aufs Äußerste* usw.

Hinweis: Einige Regeln für die Groß- und Kleinschreibung betreffen naturgemäß auch die Getrennt- und Zusammenschreibung. Bitte beachten Sie deshalb die Hinweise in den jeweiligen Abschnitten.

4.1 Substantive

4.1.1 Substantive in festen Gefügen

[auf Grund/aufgrund – im Stande sein/imstande sein]

REGEL: Ist das Substantiv verblasst, kann man sowohl klein- (und zusammen-) als auch groß- (und getrennt) schreiben.

Der Täter wurde aufgrund/auf Grund eines anonymen Anrufs ermittelt. Bald werden wir wieder imstande/im Stande sein, sofort zu liefern. Das kommt überhaupt nicht infrage/in Frage. Es ist ungewiss, ob der Bewerber dafür infrage/in Frage kommt. Der Präsident will zugunsten/ zu Gunsten jüngerer Mitglieder nicht mehr kandidieren. Viele alte Bräuche werden hierzulande/hier zu Lande noch gepflegt. Das Unternehmen ist leider außerstande/außer Stande, seinen Verpflichtungen nachzukommen. Auch Sie sollten sich unsere günstigen Einkäufe zunutze/zu Nutze machen.

Hinweis: Vergleichen Sie hierzu auch folgende Abschnitte: 2.1.5 (*abhandenkommen* usw.), 2.1.6 (*Rad fahren, eislaufen* usw.; *Maß halten/maßhalten*).

4.1.2 „Elendswörter" in festen Gefügen

[Er ist schuld. : Er hat Schuld. – Mir ist angst. : Es macht mir Angst.]

REGEL: Die sog. „Elendswörter" *Angst, Bange, Gram, Pleite, Schuld* **schreibt man in Verbindung mit den Verben** *sein* **und** *werden* **klein, in Verbindung mit anderen Verben dagegen groß.**

Dies gilt nicht nur für die Infinitive, sondern auch für alle anderen Formen dieser Wörter:

sein:	*bin, bist, ist, sind, seid, war, warst, wäre, gewesen*
werden:	*wirst, wird, wurde, würde, geworden*

Daher muss es uns nicht angst und bange sein. Wir lassen uns nicht Angst und Bange machen. Ich kann ihr nicht länger gram sein. Die Firma Müller ist pleite. Wann hat sie Pleite gemacht? Wer könnte daran schuld sein? Wem könnte man Schuld geben?

4.1.3 „Recht" und „Unrecht" in Verbindung mit Verben

[recht haben/Recht haben – unrecht bekommen/Unrecht bekommen]

REGEL: Klein- oder großschreiben kann man *recht/Recht* **und** *unrecht/Unrecht* **in Verbindung mit Verben wie** *behalten, bekommen, geben, haben, tun.*

Wir müssen Ihnen recht/Recht geben. Diesmal hat der Kunde recht/Recht behalten. Hoffentlich werden Sie recht/Recht bekommen. Wieder einmal hat Paul unrecht/Unrecht behalten. Leider hat der Mitarbeiter unrecht/Unrecht bekommen. Sie tun ihm aber damit unrecht/Unrecht.

4.2 Tageszeiten (Zeitangaben)

[gestern Abend]

REGEL: Nach den Adverbien *vorgestern, gestern, heute, morgen* **und** *übermorgen* **schreibt man die Bezeichnung von Tageszeiten groß.**

vorgestern Mittag, gestern Nachmittag, heute Morgen, morgen Abend, übermorgen Mittag

Beachten Sie: Groß- oder Kleinschreibung ist möglich in *morgen Früh/morgen früh.* – Tageszeiten mit *-s* sind Adverbien; sie werden schon immer kleingeschrieben: *morgens, mittags, abends.*

[montagabends – montags abends]

REGEL: Verbindungen von Wochentag und Tageszeit, die Adverbien sind, werden kleingeschrieben. – Sie können aber auch getrennt geschrieben werden; dann erhält auch der Wochentag die Endung *-s.*

montagabends/montags abends; dienstagmorgens/dienstags morgens; dienstagnachmittags/dienstags nachmittags; dienstagnachts/dienstags nachts

4.3 Substantivisch gebrauchte Adjektive und Partizipien

Adjektive und Partizipien können als Substantive gebraucht werden. Dann sind sie oft durch einen „Begleiter" angekündigt. Solche Begleiter sind entweder Artikel oder Präpositionen.

[Der Nächste, bitte! – im Allgemeinen]

REGEL: Nach einem „Begleiter" sind Adjektive und Partizipien großzuschreiben.

vor dem Ärgsten bewahren, nur das Beste wollen, das Folgende beachten, nicht das Geringste versäumt haben, den Kürzeren gezogen, des Längeren und Breiteren erörtert, des Näher(e)n erläutern, des Weiteren mitteilen

im Allgemeinen bestätigen, um ein Beträchtliches erhöht, vorerst im Dunkeln tappen, bis ins Einzelne aufgeführt, nicht im Entferntesten daran gedacht, im Folgenden aufgeschlüsselt, von Folgendem ausgehen, im Großen und Ganzen zufrieden sein, sich darüber im Klaren sein, bis ins Kleinste vorbereitet, auf dem Laufenden sein, sein Schäfchen ins Trockene bringen, im Trüben fischen, im Wesentlichen übereinstimmen

Beachten Sie: In Verbindungen aus Präposition und dekliniertem Adjektiv ohne vorangehenden Artikel ist Groß- oder Kleinschreibung möglich (die Großschreibung wird hier bevorzugt):

vor kurzem/Kurzem erst erschienen, bei weitem/Weitem nicht erreicht, von weitem/Weitem beobachten, bis auf weiteres/Weiteres zurückgestellt

Verbindungen ohne Begleiter

[Wichtig ist Folgendes; Bücher und Ähnliches* (Abk.: *u. Ä.*)*]

REGEL: *Folgendes* **und** *Ähnliches* **werden ebenfalls großgeschrieben, obwohl sie keine „Begleiter" haben.**

Für uns ist Folgendes wichtig ... Merken Sie sich bitte noch Folgendes ... Wir sollten Folgendes besonders herausstellen. Wir liefern Ihnen aktuelle Kalender, Jahrbücher oder Ähnliches (Abk.: *o. Ä.*) *...*

431420

4.4 Adverbiale Wendungen mit Superlativen „aufs"/„auf das"

[aufs Äußerste/aufs äußerste]

REGEL: Bei Superlativen mit *aufs (auf das)* ist Groß- oder Kleinschreibung möglich.

Sie erschrak aufs (auf das) Äußerste/äußerste. Ich konnte das Problem aufs (auf das) Einfachste/einfachste lösen. Wir begrüßen Sie aufs (auf das) Herzlichste/herzlichste. Er war aufs (auf das) Schrecklichste/schrecklichste geschlagen worden.

4.5 Adjektive in Paarformeln

[Jung und Alt]

REGEL: In Paarformeln schreibt man Adjektive immer groß, wenn sie Personen bezeichnen.

Vor dem Gesetz sind Arm und Reich gleich. Man sagt: Gleich und Gleich gesellt sich gern. Zum Fest hatte sich Groß und Klein eingefunden.

4.6 Adjektive in Eigennamen und festen Gefügen

Grundregel: Adjektive, die Teil eines geografischen Begriffs sind, schreibt man groß: *der Blaue Planet* (die Erde), *das Schwarze Meer*. Bei festen Gefügen aus Adjektiv und Substantiv, die aber keine Eigennamen sind, schreibt man das Adjektiv klein: *die goldene Hochzeit*.

[das Schwarze/schwarze Brett]

REGEL: Ergibt die Verbindung von Adjektiv und Substantiv eine neue Gesamtbedeutung oder eine begriffliche Einheit, kann man das Adjektiv auch großschreiben.

der Blaue/blaue Brief (Mahnschreiben der Schule), *die Erste/erste Hilfe* (bei Unglücksfällen), *die Gelbe/gelbe Karte* (wegen eines Fouls), *die Grüne/grüne Lunge* (Parkanlage), *die Schwarze/schwarze Kunst* (Zauberei), *der Schwarze/schwarze Peter* (Kartenspiel) : *jemandem den schwarzen Peter zuschieben, der Weiße/weiße Tod* (Erfrieren), *der Weiße/weiße Sport* (Tennis, Skisport)

[die Große Anfrage – das Hohe Haus]

REGEL: In einigen festen Gefügen gilt jetzt aber nur Großschreibung.

Der Goldene Schnitt (Mathematik), *das Hohe Haus* (Parlament), *die Große Anfrage*, *die Kleine Anfrage* (im Parlament), *die Große Kreisstadt*

4.7 Bezeichnungen für Sprachen

[auf Deutsch]

REGEL: In Verbindung mit Präpositionen werden Sprachbezeichnungen großgeschrieben.

Sie hat ihre Meinung auf gut Deutsch gesagt. Der Prospekt ist in Deutsch geschrieben. Wissen Sie, was Rechnung auf Englisch heißt? Eine Zusammenfassung des Berichts liegt auch in Spanisch vor. In Französisch (im Unterrichtsfach) *hat er eine Zwei. Wie heißt das auf Französisch? Könnten Sie das auch auf Englisch sagen?*

[Er spricht Englisch. – Er spricht englisch.]

REGEL: Groß- oder Kleinschreibung ist möglich, wenn man mit *was?* (= Großschreibung) oder *wie?* (= Kleinschreibung) fragen kann.

Jetzt spricht sie zwar (wie?) *englisch, aber Ihre Muttersprache ist* (was?) *Deutsch.*

4.8 Substantivisch gebrauchte Zahlwörter

4.8.1 Großschreibung

[der Dritte]

REGEL: Substantivierte Zahlwörter werden großgeschrieben.

Wer war der Dritte im Kugelstoßen? In der Prüfung versagte diesmal jeder Dritte. Zum Dritten ist noch Folgendes zu sagen: …

4.8.2 Wahlweise Groß- oder Kleinschreibung unbestimmter Zahlwörter

[die vielen/Vielen – jedem das seine/Seine]

REGEL: Soll hervorgehoben werden, dass ein Zahladjektiv nicht als unbestimmtes Zahlwort zu verstehen ist, kann auch großgeschrieben werden. Dies gilt auch für das Possessivpronomen in Wendungen wie *jedem das Seine*.

Die Anerkennung der vielen/Vielen (der breiten Masse) *war dem Künstler gleichgültig. „Jedem das seine/Seine" ist ein bekanntes Zitat. Er wollte eigentlich etwas ganz anderes/Anderes. Die meisten/Meisten waren dagegen.*

4.8.3 Kardinalzahlen unter einer Million

Grundregel: Kardinalzahlen unter einer Million werden kleingeschrieben: *Er ist schon über achtzig. Sie wird gegen zwölf hier sein.* Bei Substantivierung gilt selbstverständlich Großschreibung: *Ich würfelte eine Vier.*

Zahlsubstantive Hundert, Tausend; Dutzend

[ein paar Hundert/hundert Bäume]

REGEL: Wenn mit *Hundert, Tausend* **oder** *Dutzend* **unbestimmte (nicht in Ziffern schreibbare) Mengen angegeben werden, kann man diese groß- oder kleinschreiben.**

Im Tal weideten Hunderte/hunderte von Schafen. Die Zuschauer strömten zu Tausenden/tausenden ins Stadion. Mehrere Dutzend/dutzend Menschen übernachteten im Freien.

4.8.4 Verbindungen mit „viertel“

[Er fuhr um viertel fünf – um Viertel nach fünf]

REGEL: Steht *viertel* **unmittelbar vor einer Ziffer oder Zahl, schreibt man in Uhrzeitangaben klein.**

Der Vortrag begann erst um viertel acht. Der Vortrag begann erst um Viertel vor acht.

[eine Viertelstunde/viertel Stunde – drei Viertel]

REGEL: In Verbindung mit Substantiven ist Groß- oder Kleinschreibung möglich.

Der Zug braucht nur eine Viertelstunde/viertel Stunde. Er trank ein(en) Viertelliter/viertel Liter Wein.

4.8.5 Substantivisch gebrauchte Adverbien

[im Voraus, im Nachhinein, des Öfter(e)n]

REGEL: Auch die substantivierten Adverbien *im Voraus, im Nachhinein, des Öfter(e)n* **werden großgeschrieben.**

Für eine rasche Antwort danken wir Ihnen im Voraus. Im Nachhinein musste er seinen Fehler zugeben. Wir haben uns schon des Öfter(e)n darüber unterhalten.

Hinweis: Vergleichen Sie zur Schreibung von substantivisch gebrauchten Zusammensetzungen (Aneinanderreihungen) – z. B. *Entweder-oder* – Abschnitt 3.3.

4.9 Anredepronomen „du“ und „ihr“

[Lieber Dirk, Du/du hast mir ...]

[Liebe Tante Rita, lieber Onkel Klaus, hoffentlich geht es Euch/euch ...]

REGEL: In Briefen kann man die Anredepronomen der 2. Person Singular und Plural mit ihren entsprechenden Possessivpronomen auch großschreiben.

Gewiss hast Du/du Dich/dich auf die Prüfung gut vorbereitet. Ich wünsche Dir/dir für das Examen alles Gute. Meine Frau und ich hoffen, dass Euch/euch ein Besuch in Köln bald möglich sein wird. Wann könnt Ihr/ihr Euer/euer neues Ferienhaus beziehen?

5 Wichtige Kommaregeln

Das Komma, unser häufigstes und schwierigstes Satzzeichen, hat vor allem die Aufgabe, den Satz optisch zu gliedern, um das Lesen zu erleichtern. Denn das Komma zeigt den Bau des Satzes, z. B. Zusätze und Einschübe, und es trennt Nebensätze vom Hauptsatz.

Diese grammatische Funktion des Kommas führt zu zahlreichen Regeln, die Sie nur dann verstehen, wenn Sie die Wortarten bestimmen können und deren Aufgabe für den Satzbau kennen.

Sprachliches. Das Komma, nur noch selten „Beistrich“ genannt, bildet den Plural mit *-s*: die Kommas. Die griechische Pluralbildung, die Kommata, gilt als veraltet.

Auch in die Umgangssprache ist das Komma eingedrungen, z. B. *Null Komma nichts* (gar nichts), *ohne Punkt und Komma reden* (pausenlos reden).

Aus der Satzlehre

Der einfache Satz besteht aus Subjekt und Prädikat (a). Beim **erweiterten einfachen Satz** kommen andere Satzglieder dazu (b).

a) [Der Brief gewinnt.] (Subjekt: ***Der Brief*** + Prädikat: ***gewinnt***)

b) [Der Brief gewinnt den Leser.] (+ Objekt: ***den Leser***)

REGEL: Enthält ein Satz die gewöhnlichen Satzglieder nur einmal und ohne nachgestellte Zusätze, dann steht kein Komma. Dabei spielt die Satzlänge keine Rolle.

c) [Am Vormittag (wann?) ***schreibt Frau Gerber im Büro*** (wo?) ***mit dem neuen Textverarbeitungsprogramm*** (womit?) ***einen Brief.]***

d) [Am Vormittag gegen 15 Uhr schreibt Frau Gerber im Büro mit dem neuen Textverarbeitungsprogramm einen von ihrem Chef diktierten Brief.]

Beachten Sie: Zum einfach gebauten Satz können Umstandsangaben dazukommen; dann wird aber kein Komma gesetzt (c). Einzelne Glieder können umfangreiche Attribute erhalten; auch dann wird kein Komma gesetzt (d).

Der zusammengesetzte Satz kann aus zwei oder mehreren Hauptsätzen bestehen. Dann ist es eine **Satzverbindung**. Die Sätze werden mit Kommas abgegrenzt (e). Besteht die Zusammensetzung aus einem Haupt- und einem Nebensatz, dann ist dies ein **Satzgefüge**. Auch im Satzgefüge werden die Sätze mit einem Komma abgegrenzt (f).

e) [Der Brief gewinnt, er liest sich leicht, er überzeugt. Der Brief gewinnt, aber er muss sorgfältig formuliert werden.]

f) [Der Brief gewinnt, weil er sich leicht liest und überzeugt. Der Brief gewinnt, wenn er sorgfältig formuliert ist.]

Beachten Sie: Einen Hauptsatz erkennen Sie daran, dass er auch für sich allein stehen könnte: *Er liest sich leicht. Er überzeugt. Er muss sorgfältig formuliert werden*. Dagegen kann der Nebensatz nicht für sich allein stehen: *weil er sich leicht liest und überzeugt; wenn er sorgfältig formuliert ist.*

5.1 Das Komma zwischen Sätzen

5.1.1 Das Komma zwischen Hauptsätzen

a) [Wir wollten den Drucker austauschen, der Kunde war jedoch dagegen.]

b) [Er benutzt, das wissen wir schon lange, ein sehr altes Modell.]

c) [Wir müssen den Kunden(,) so gut es geht(,) überzeugen.]

REGEL: Sind zwei Hauptsätze verbunden, trennen Sie beide durch ein Komma (a). Ist ein Hauptsatz eingeschoben (Schaltsatz), schließen Sie ihn in Kommas ein (b). Wird der Schaltsatz formelhaft gebraucht, ist das Komma freigestellt (c).

5.1.2 Das Komma zwischen gleichrangigen Nebensätzen

Gleichrangige Nebensätze hängen vom gleichen übergeordneten Satz ab. Dies können Sie ermitteln, indem Sie erst den einen, dann den anderen Nebensatz gedanklich weglassen. Ist der Satz dann noch vollständig, sind die Nebensätze gleichrangig.

a) [Der Chef erkundigte sich, was es Neues gebe, ob Buchhalterin Meyer wieder gesund sei.]

b) [Dr. Schneider sagte immer wieder, er habe alles versucht, er sei aber erfolglos geblieben.]

c) [Die Werbung ist erfolgreich,
wenn das Fabrikat in weiten Kreisen bekannt wird,
wenn viele Stammkunden wieder größere Aufträge erteilen,
wenn neue Kunden, auch aus der Umgebung, gewonnen werden.]

REGEL: Trennen Sie gleichrangige Nebensätze durch ein Komma (a). Solche Sätze sind in der indirekten Rede (z. B. im Protokoll) häufig (b). Bei einer längeren Aufzählung gleichrangiger Nebensätze können Sie diese zeilenweise absetzen und so die Übersicht erhöhen (c).

5.1.3 Das Komma bei Nebensätzen

Woran erkennen Sie einen Nebensatz? 1. Die (durch Konjugation veränderliche) Verbform steht am Ende des Nebensatzes: *Wir sind enttäuscht, weil der Großhändler nicht pünktlich geliefert hat*. 2. Der Nebensatz ist mit dem Hauptsatz verknüpft, z. B. durch ein Relativpronomen: *Die Kopierer, die wir dringend brauchen, sind noch nicht geliefert.*

a) [Dass wir Sie auch bei der Gestaltung Ihrer Schaufenster beraten, ist Ihnen sicherlich bekannt.]

b) [Wir empfehlen Ihnen werbewirksame Aufsteller, die sofort lieferbar sind.]

c) [Die Aufsteller, die wir Ihnen anbieten, haben sich bereits bewährt.]

REGEL: Nebensätze grenzen Sie mit einem Komma ab. Der Nebensatz kann am Anfang stehen (a), am Ende (b) oder eingeschoben sein (c).

Auslassungssätze

a) [Wir sollten, so (meint) der Werbeleiter, auch in Fachzeitschriften Anzeigen aufgeben.]

b) [Hauptsache, wir steigern den Umsatz.]

c) [Die Anzeigenannahme hat uns wie vereinbart einige Muster geschickt.]

d) [Nicht was wir für richtig halten, ist entscheidend, sondern dass der Kunde zustimmt.]

REGEL: Behandeln Sie Auslassungssätze bei der Kommasetzung wie vollständige Sätze (a). Dies gilt auch, wenn sie wie Stellungnahmen wirken (b). Formelhafte Auslassungssätze schreiben Sie ohne Komma (c). Ist die Nebensatzeinleitung mehrteilig, dann sollten Sie diese Wortgruppe nicht durch ein Komma teilen (d).

Beachten Sie: In einigen Fügungen können Sie zusätzlich ein Komma zwischen die Wortgruppe setzen: *Wir beteiligen uns an der Gemeinschaftswerbung, vorausgesetzt(,) dass die Gebühren nicht erhöht werden.*

Häufig gebrauchte Fügungen dieser Art: angenommen(,) dass; besonders(,) weil/wenn; insoweit(,) als; je nachdem(,) ob; umso eher/mehr/weniger(,) als; und zwar(,) dass; vor allem(,) dass; zum Beispiel(,) dass/nachdem/weil/wenn.

431426

5.2 Infinitivgruppen

Infinitivgruppen sind Infinitive, die ein *zu* bei sich haben. Je nach ihrer Verwendung im Satz müssen oder können sie durch Komma(s) abgegrenzt werden.

5.2.1 Das Komma ist verbindlich

a) [Wir werben, um den Umsatz zu steigern.]

REGEL: Wird die Infinitivgruppe mit Konjunktionen wie *um, ohne, (an)statt, außer, als* **eingeleitet, grenzt man sie mit Komma ab. Bei eingeschobenen Gruppen ist ein paariges Komma zu setzen.**

Er stimmte uns zu, ohne zu zögern. Der Chef, ohne zu zögern, entließ ihn fristlos. Statt ihm einen Brief zu schreiben, haben wir ihn sofort angerufen. Wir haben ihn, anstatt ihm einen Brief zu schreiben, sofort angerufen. Außer um seinen Jahresbericht zu veröffentlichen, hat der Verein noch nie in unserer Zeitung inseriert. Einen Kunden zu überzeugen ist besser, als ihn zu überreden.

b) [Er hat die Angewohnheit, sehr laut zu sprechen.]

REGEL: Hängt die Infinitivgruppe von einem Substantiv ab, wird sie durch Komma abgegrenzt.

Bisher hatten wir keine Möglichkeit, die Ausstellung zu besuchen. Unserer Forderung, diese Rechnung zu begleichen, sind Sie noch nicht nachgekommen. Ihren Vorschlag, einen neuen Prospekt zu schaffen, werden wir gern aufgreifen.

Beachten Sie: Ist der Infinitiv nicht erweitert, kann das Komma – trotz Abhängigkeit vom Substantiv – weggelassen werden:

Wir beauftragen unseren Vertreter(,) zu verhandeln. Seinen Auftrag(,) zu verhandeln(,) hat unser Vertreter sofort erledigt.

c) [Wir rechnen fest damit, bald wieder pünktlich liefern zu können.]

REGEL: Wird die Infinitivgruppe durch ein hinweisendes Wort oder eine hinweisende Wortgruppe angekündigt, trennt man sie mit Komma ab. Solche hinweisenden Wörter sind z. B.: *damit, daran, darauf, darum, darunter, deshalb, es, das, dies*. **Eine hinweisende Wortgruppe ist z. B.** *es ist, es war* **usw.**

Er denkt nicht daran, auf die Zulage zu verzichten. Daran, auf die Zulage zu verzichten, denkt er nicht. Dabei ging es darum, sich in aller Form zu entschuldigen. Wir freuen uns darauf, Ihren Auftrag zu erhalten. Ich bin deshalb überzeugt, den Absatz steigern zu können. Deshalb empfiehlt es sich, gezielt zu werben.

Es ist besser, die Antwort abzuwarten. Leider war es nicht möglich, Sie schneller zu beraten. Sie schneller zu beraten, dies war leider nicht möglich.

Beachten Sie: Ist der Infinitiv nicht erweitert, kann das Komma – trotz eines hinweisenden Wortes – weggelassen werden:

Ich denke nicht daran(,) nachzugeben. Darauf(,) zu reklamieren(,) verzichten wir.

5.2.2 Vermeidung von Missverständnissen

[Wir empfehlen ihm nichts zu sagen.]

Lesart: Wir empfehlen, ihm nichts zu sagen. – Wir empfehlen ihm, nichts zu sagen.

Lesart: Wir fürchten, immer mehr Kunden zu verlieren. – Wir fürchten immer mehr, Kunden zu verlieren.

REGEL: Infinitivgruppen ohne verpflichtendes Komma können durch ein Komma getrennt werden, um Missverständnisse auszuschließen.

5.2.3 Das Komma ist freigestellt

[Wir raten Ihnen(,) das neue Modell zu erproben.]

REGEL: Um die Gliederung des Satzes deutlich zu machen, kann ein Komma gesetzt werden.

Wir bitten Sie(,) uns gleich zu benachrichtigen. Ich erwarte(,) recht bald zu erfahren, wie Sie die Reklamation regeln wollen.

Beachten Sie: Wird ein Glied der Infinitivgruppe nach vorne gezogen, um es hervorzuheben, kommt es zur Spitzenstellung. Dann sollte kein Komma gesetzt werden.

Normale Stellung (Hauptsatz und Infinitivgruppe getrennt): *Der Schulleiter beschloss(,) Deutschkurse sofort einzurichten.*

Spitzenstellung (ein Glied der Infinitivgruppe vorgezogen): *Deutschkurse sofort einzurichten beschloss die Schulleitung*. (Aber – mit hinweisendem Wort –: *Deutschkurse sofort einzurichten, das beschloss die Schulleitung*.)

5.3 Partizipgruppen

Partizipien, die mit einer näheren Bestimmung verbunden sind, bilden Partizipgruppen: *laut schreiend, vor Wut schäumend, sehr verärgert, vorsichtig geschätzt.* Partizipgruppen sind in der heutigen Sachprosa relativ selten.

5.3.1 Das Komma ist erforderlich (s. 5.2.1)

[Der Besucher, freundlich lächelnd, gratulierte ihm.]

[Der Besucher gratulierte ihm, freundlich lächelnd.]

REGEL: Wird die Partizipgruppe direkt dem Bezugswort nachgetragen oder steht sie am Ende des Satzes, muss durch Komma abgetrennt werden.

Der junge Angestellte, verlegen lächelnd, entschuldigte sich. Der junge Angestellte entschuldigte sich, verlegen lächelnd.

5.3.2 Das Komma kann gesetzt werden (s. 5.2.3)

[Freundlich lächelnd(,) gratulierte ihm der Besucher.]

[Wir haben den Katalog(,) Ihrem Vorschlag entsprechend(,) umgestaltet.]

REGEL: Ist die Partizipgruppe dem Bezugswort nicht direkt nachgestellt, kann ein Komma gesetzt werden.

Gut gelaunt(,) berichtete er von seiner Reise. Die Demonstration verlief(,) von einem Verkehrsunfall abgesehen(,) sehr harmonisch.

Beachten Sie: Es ist ratsam, bei formelhaften Partizipgruppen kein Komma zu setzen. (Dies wäre aber nicht falsch.)

Die Sache ist im Grunde genommen völlig klar. Diese Verpackung ist genau genommen sehr preisgünstig. Wir hätten wie gesagt keine Bedenken.

5.4 Das Komma vor Konjunktionen

Konjunktionen haben die Aufgabe, Wörter, Wortgruppen oder Sätze miteinander zu verbinden. Es gibt eingliedrige Konjunktionen (z. B. *auch, dass, weil*) und mehrgliedrige (z. B. *entweder – oder, sowohl – als auch, weder – noch*). – Einige Konjunktionen sind naturgemäß schon in den früheren Abschnitten vorgekommen. Wegen mancher Probleme bei der Kommasetzung werden die Konjunktionen hier zusammengefasst.

5.4.1 Das Komma ist verbindlich

[Das Gerät ist zwar teuer, <u>aber</u> es leistet auch viel.]

[Das Gerät ist zwar teuer, <u>aber weil</u> es viel leistet, wird es gern gekauft.]

REGEL: Vor den meisten Konjunktionen setzen Sie immer ein Komma. Dies gilt z. B. für: *also, auch, außer, besonders/insbesondere/namentlich/vor allem, bevor/ehe, dagegen/hingegen, daher, dann, dass/sodass, doch/jedoch, ja, nachdem, nämlich, nur, ob, so, sobald, trotzdem, umso, weil, wenn, zumal; einerseits – ander(er)seits, entweder – oder, je – desto/umso, nicht nur/nicht allein – sondern auch, selbst – wenn, sowohl – als/wie auch, teils – teils.*

[Das Gerät ist zwar teuer, allerdings leistet es auch viel.]

[Wir haben ein neues, allerdings teures Gerät.]

Beachten Sie: Konjunktionen können auch in Sätze einbezogen werden: *Der Hersteller liefert zügig, der Großhändler aber nicht. Der Auftragseingang ist zumal in den Monaten März und April sehr stark.* In solchen und ähnlichen Fällen steht selbstverständlich vor der Konjunktion kein Komma.

5.4.2 Bei diesen Konjunktionen müssen Sie über das Komma entscheiden

5.4.2.1 Vergleichende Konjunktionen „als" und „wie"

a) ***[Unsere Umsätze sind diesmal höher als im Vergleichsmonat. Die Umsätze sind wieder so hoch wie im Dezember v. J. Das ist mehr als erhofft. Das ist so viel wie angenommen.]***

b) ***[Unsere Umsätze sind diesmal höher, als wir erhofft hatten. Die Umsätze sind wieder so hoch, wie wir es uns wünschen.]***

REGEL: Stehen die Konjunktionen *als* und *wie* vergleichend zwischen Satzteilen, setzen Sie kein Komma (a). Leiten die Konjunktionen *als* und *wie* einen untergeordneten Vergleichssatz ein, setzen Sie ein Komma (b).

5.4.2.2 Konjunktion „beziehungsweise (bzw.)"

a) ***[Unser Bonner Zweigwerk bzw. das Kölner Lager wird Ihnen die Tische bringen. Mit dem Inhaber sind wir bekannt bzw. befreundet.]***

b) ***[Die Sekretärin berichtete, was vereinbart worden war bzw. welche Lösung die Partner gefunden hatten.]***

c) ***[Dr. Huber fährt nach Italien(,) bzw. er fliegt bis Rom.]***

REGEL: Verbinden Sie Satzteile mit *bzw.* ohne Komma (a). Dies gilt auch, wenn Sie mit dieser Konjunktion Nebensätze gleichen Grades verbinden (b). Verbindet die Konjunktion beigeordnete Hauptsätze, können Sie vor *bzw.* ein Komma setzen (c).

Beachten Sie: Die Konjunktion *beziehungsweise* (Abk. *bzw.*) stammt aus der Kanzleisprache. Daher ist es stilistisch besser, diese Konjunktion durch *und, oder, (oder) vielmehr, genauer/besser gesagt* u. Ä. zu ersetzen: *Das Bonner Zweigwerk oder das Kölner Lager; bekannt genauer befreundet; und welche Lösung die Partner gefunden hatten; fährt nach Italien, genauer gesagt er fliegt ...*

Vielleicht lesen Sie gelegentlich auch die veraltete Konjunktion *respektive* (Abk.: *resp.*); dafür gelten dieselben Regeln wie für *bzw.*

5.5 Das Komma vor „und“/„oder“

5.5.1 Das Komma ist unerlässlich

a) ***[Frau Klein, die Einkäuferin, und ich werden Sie morgen besuchen.]***

[Der Kunde wusste, wie günstig das Angebot ist, und bestellte sofort.]

REGEL: Geht *und/oder* **ein Zusatz oder ein Beisatz voraus, ist vor der Konjunktion ein Komma zu setzen. (Dies gilt auch für andere Konjunktionen, z. B.** *sowie***.)**

Herr Gerber, ein erfahrener Verkäufer, und zwei jüngere Angestellte möchten Sie an unserem Messestand begrüßen. Wünschen Sie die einfachere Ausführung, die Sie im Mai bezogen haben, oder entscheiden Sie sich jetzt für das stärkere Gerät? Ihr Aufgabengebiet umfasst das betriebliche Rechnungswesen und die Auftragsabwicklung, besonders die Überwachung der Zahlungseingänge, sowie das Erstellen von Statistiken.

b) ***[Künftig beliefern wir Sie wöchentlich zweimal, <u>und zwar</u> montags und donnerstags.]***

[Dieser Vorschlag, <u>und das</u> muss noch einmal betont werden, stammt von uns.]

REGEL: Wenn *und* **eine nachgestellte Erläuterung oder einen Schaltsatz einleitet, ist ein Komma zu setzen.**

Unser Kunde ist verärgert, und das mit Recht. Bereits bei drei Lieferungen, und dies ist sehr bedauerlich, mussten wir mehrere Artikel beanstanden.

5.5.2 Das Komma darf nicht gesetzt werden

[Die neue Mitarbeiterin ist jung und dabei schon sehr erfolgreich.]

[Wir hatten dem Kunden zugesagt, die Maschine zu reparieren und einen stärkeren Motor einzubauen und die Verkleidung zu lackieren.]

REGEL: Sind gleichrangige Wörter oder Wortgruppen durch Konjunktionen wie *und, oder, bzw.* **verbunden, steht kein Komma.**

Der Empfänger war überrascht und durchaus zufrieden. Wünschen Sie die einfachere Ausführung oder entscheiden Sie sich jetzt für den schnelleren Drucker? Das Unternehmen produziert in Köln bzw. (= oder vielmehr) in einem Kölner Vorort.

5.5.3 Das Komma ist möglich

[Die Konkurrenz wird immer größer(,) und wir müssen mithalten.]

REGEL: Wenn *und/oder* gleichrangige Teilsätze verbinden, kann man ein Komma setzen, um die Gliederung des Ganzsatzes deutlich zu machen. Dies gilt auch für *beziehungsweise (bzw.)* und *noch*.

Die neuen Kalender liegen bereit(,) und wir werden sie schon Anfang September an den Einzelhandel senden. Sollen wir diesmal allein werben(,) oder ziehen Sie eine Gemeinschaftswerbung vor? Ich kannte den früheren Leiter gut(,) bzw. (= oder vielmehr) mein Vater war mit ihm befreundet. Sie haben uns keinen Preisnachlass gewährt(,) noch haben Sie dies begründet.

5.6 Mehrteilige Angaben

REGEL: Bei mehrteiligen Angaben werden die einzelnen Bestandteile durch Kommas getrennt. Geht der Satz weiter, ist das Komma nach dem letzten Bestandteil freigestellt. Dies betrifft:

a) Orts- und Wohnungsangaben

[Der Bewerber ist Herr Rolf Schnell, Koblenz, Gartenstraße 10.]
[Herr Rolf Schnell, Koblenz, Gartenstraße 10(,) hat sich bei uns beworben.]

Frau Hof, Düsseldorf, Heinefeldplatz 3, II. Stock

Frau Hof ist von Köln, Burgstraße 23(,) nach Düsseldorf, Heinefeldplatz 3, II. Stock(,) umgezogen.

Beachten Sie: Sind mehrere Glieder einer mehrteiligen Orts- und Wohnungsangabe mit einer Präposition (*am, im* u. a.) angeschlossen, dann steht vor der Präposition kein Komma:

Frau Hof wohnt jetzt in Düsseldorf am Heinefeldplatz 3, II. Stock.

Frau Hof wohnt in Düsseldorf am Heinefeldplatz 3 im II. Stock.

b) Zeitangaben (Datumsangaben)

[Die Sendung ist am Mittwoch, (dem) 7. April 2010(,) eingetroffen.
Die Sendung ist Mittwoch, (den) 7. April 2010(,) eingetroffen.]

Beachten Sie: Bei einer Zeitangabe mit *am* steht der nachfolgende Monatsname im Dativ.

Unser Mitarbeiter wird Sie am Dienstag, (dem) 5. Mai d. J.(,) besuchen.

Unser Mitarbeiter wird Sie Dienstag, (den) 5. Mai d. J.(,) besuchen.

Das Referat soll am Freitag, (dem) 10. Oktober, (um) 09:30 Uhr(,) im Hotel „Zur Post" beginnen.

431432

c) Literaturangaben

[Der Aufsatz wurde in der Zeitschrift „Europa", Heft 11, 2010, S. 10(,) veröffentlicht.]

Der Referent zitierte einen Artikel in der Zeitschrift „Europa", 14. Jahrgang, 2010, Heft 11, S. 10.

Beachten Sie: Bei Hinweisen auf Gesetze, Verordnungen usw. wird kein Komma gesetzt:

§ 18 Abs. 3 Satz 2 der Abgabenordnung (AO) ist hier verbindlich.

5.7 Das Komma bei wörtlicher Rede

[„Wie gefällt Ihnen der Entwurf?", fragte der Werbetexter. „Der neue Katalog wird ein Hit!", meinte Frau Richter.]

REGEL: Bei wörtlicher Rede ist auch nach Frage- oder Ausrufe-/Befehlssätzen ein Komma nach dem schließenden Anführungszeichen zu setzen.

Als der Kunde fragte: „Warum liefern Sie nicht pünktlich?", nannte ich die Gründe. „Das sind faule Ausreden!", schimpfte er uneinsichtig.

5.8 Das Komma zwischen Satzteilen

Neben der Gliederung von Haupt- und Nebensätzen sowie in Infinitiv- und Partizipgruppen hat das Komma die Aufgabe, Satzteile in Aufzählungen, Wortgruppen und Zusätzen zu trennen. Daraus ergeben sich zahlreiche Regeln, wonach das Komma entweder gesetzt oder nicht gesetzt wird, oder aber freigestellt ist.

5.8.1 Das Komma bei Aufzählung von Satzteilen

5.8.1.1 Wörter gleicher Wortart und gleiche Wortgruppen

a) [In der Buchhandlung Richter sind Ratgeber, Sachbücher oder Nachschlagewerke besonders gefragt.]

b) [Der Inhaber arbeitete früher als Verkaufsfahrer, als Handelsvertreter und zuletzt als Leiter einer Leihbücherei.]

REGEL: Zwischen aufgezählten Wörtern gleicher Wortart (a) oder zwischen gleichartigen Wortgruppen (b) setzen Sie ein Komma (wenn diese Teile nicht durch *und* oder *oder* verbunden sind).

5.8.1.2 Neben- und untergeordnete Adjektive und Partizipien

a) [Der Buchhändler bedient seine Kunden immer höflich, freundlich, entgegenkommend.]

b) [Er ist ein netter junger Mann, der gern teure blaue Blazer trägt.]

REGEL: Sind die aufgezählten Adjektive (oder Partizipien) nebengeordnet (gleichrangig), setzen Sie das Komma (a). Die Adjektive lassen sich durch *und* **verbinden oder in der Reihenfolge vertauschen, z. B. (Verbindung mit** *und* **möglich)** *Der Buchhändler bedient seine Kunden immer höflich und freundlich und entgegenkommend.* **(Vertauschte Reihenfolge möglich)** *Er bedient sie entgegenkommend, freundlich, höflich.*
Wenn von zwei Adjektiven das letzte mit dem zugehörigen Substantiv einen Gesamtbegriff bildet, setzen Sie kein Komma (b). Gesamtbegriffe sind hier: *junger Mann, blaue Blazer.*

Beachten Sie: Gesamtbegriffe bilden Adjektive, die Farben bezeichnen (lange rote Rosen) oder Materialien (eine alte steinerne Brücke) oder eine Zugehörigkeit (die allgemeine finanzielle Lage) oder die Herkunft (ein bekanntes englisches Lied).

5.8.2 Das Komma bei Zusätzen (Besonderheiten bei Personennamen)

a) [Das Seminar leitet diesmal Frau Sabine Jansen, Direktorin des hiesigen Gymnasiums. Frau Jansen, Direktorin des hiesigen Gymnasiums, wird diesmal das Seminar leiten.]

b) [Frau Sabine Jansen(,) geb. Keller(,) übernimmt die Moderation.]

REGEL: Genauere Bestimmungen nach einem Personennamen trennen Sie durch das Komma ab bzw. schließen sie in Kommas ein (a). Wird neben dem Familiennamen auch der Geburtsname genannt (*geboren* **meist** *geb.* **abgekürzt), ist das Komma freigestellt. Wir empfehlen Ihnen, auf dieses Komma zu verzichten.**

6 Apostroph

6.1 Bildung des Genitivs

[Uhlands Gedichte : Sachs' Gedichte]

REGEL: Der Apostroph kennzeichnet den Genitiv von Namen, die auf einen Zischlaut o. dgl. enden: *-s, -ss, -ß, -tz, -z, -x, -ce.*

Grass' Blechtrommel, Voß' Übersetzungen, Alex' freche Antwort, Heinz' neue Wohnung, Alice' Hochzeit

Beachten Sie: Kein Apostroph steht, wenn die Namen einen Artikel, ein Possessivpronomen o. dgl. bei sich haben:

die Eltern des Schülers Alex, der Geburtstag unseres Freundes Heinz

[Andrea's : Andreas' Friseursalon – die Grimm'schen Märchen]

REGEL: Der Apostroph kann auch gebraucht werden, um die Grundform eines Personennamens vor der Genitivendung *-s* oder dem Adjektivsuffix *-sch* zu kennzeichnen.

Andrea's Friseursalon: Die Inhaberin heißt *Andrea.*
Adreas' Friseursalon: Der Inhaber heißt *Andreas.*
die Darwin'sche Lehre, die Einstein'sche Relativitätstheorie

6.2 Gesprochene Sprache

[der Käpt'n mit'm Fahrrad = der Kapitän mit dem Fahrrad]

REGEL: Man kann den Apostroph setzen, wenn Wörter gesprochener Sprache mit Auslassungen bei schriftlicher Wiedergabe undurchsichtig sind.

Bitte, nehmen S' (= Sie) doch Platz! Das war 'n (= ein) Riesenerfolg.

7 Worttrennung am Zeilenende

7.1 Deutsche Wörter

7.1.1 Mehrere Konsonantenbuchstaben

a) [Wes- pe, Kämp- fer, Fens- ter - Bä- cker]

REGEL: Von mehreren Konsonantenbuchstaben kommt nur der letzte auf die neue Zeile; *ck* wird (wie *ch*) nicht getrennt.

Imp- fung, Strümp- fe, Kis- ten, Mus- ter; Bü- cher, De- cke, Zu- cker

7.1.2 Einzelne Vokalbuchstaben

[Eu- le : Adel, Radio]

REGEL: Einzelne Vokalbuchstaben am Wortanfang oder -ende werden nicht abgetrennt.

Abend, Efeu, Igel, Oberst, Ufer; Boa, Deo, Reue, Trio : Au- to, äu- ßern, Ei- fer, eu- rer; mi- au

7.1.3 Undurchsichtige Zusammensetzungen

[wor- an/wo- ran]

REGEL: In einigen zusammengesetzten Adverbien wird die Zusammensetzung nicht mehr erkannt oder empfunden. Dann dürfen sie entweder nach Sprach- oder nach Sprechsilben getrennt werden.

dar- in/da- rin, her- auf/he- rauf, hin- aus/hi- naus, vor- über/vo- rüber, war- um/wa- rum

Beachten Sie: Wie bisher wird empfohlen, Worttrennungen, die den Leseablauf stören, zu vermeiden.

nicht so	sondern so
bein- halten	***be- inhalten***
beste- hend	***be- stehend***
Gehörner- ven	***Gehör- nerven***
Urin- stinkt	***Ur- instinkt***

7.2 Fremdwörter

7.2.1 Trennung nach Sprachsilben

[In- stanz, Pro- gramm, Re- print]

REGEL: Fremdwörter, deren Einzelteile klar zu erkennen sind, werden (wie deutsche Wörter) nach Sprachsilben getrennt.

Des- infektion, Dis- ziplin, Kon- trolle, non- verbal, Prä- dikat

7.2.2 Konsonantengruppen mit l, n oder r

[Pub- likum/Pu- blikum, Mag- net/Ma- gnet, Feb- ruar/Fe- bruar]

REGEL: In Fremdwörtern können Konsonantengruppen mit nachlautendem *l*, *n* oder *r* getrennt werden oder ungetrennt bleiben.

Dip- lom/Di- plom, Sig- nal/Si- gnal, Hyd- rant/Hy- drant

7.2.3 Undurchsichtige Zusammensetzungen

[Päd- ago- ge/Pä- da- go- ge]

REGEL: Fremdwörter, deren Einzelteile nicht klar zu erkennen sind, dürfen entweder nach ihren Bestandteilen oder wie deutsche Wörter getrennt werden.

Chir- urg/Chi- rurg, He- li- ko- pter/He- li- kop- ter,
Mi- kro- skop/Mik- ros- kop, par- al- lel/pa- ral- lel,
Pull- over/Pul- lo- ver, Vit- amin/Vi- ta- min

Wörterverzeichnis

Vorbemerkung: Hier sind vor allem Wörter und Wendungen aufgeführt, die im Schriftverkehr oft vorkommen. Nicht aufgeführt sind die neuen Schreibungen mit *ss* (statt *ß*), weil die Regel einfach ist: Nach kurzem Vokal ist stets *ss* zu schreiben.

Die in diesem Verzeichnis aufgeführten Doppelschreibungen sind beide korrekt. Es bleibt dem Schreibenden überlassen, für welche er sich entscheidet.

Wichtige Neu- und Doppelschreibungen

A	
abwärtsgehen (schlechter werden)	
allein erziehende, die – Mutter	auch: *alleinerziehende, die – Mutter*
allgemein gültig	auch: *allgemeingültig*
aneinanderreihen	
anheimstellen	
aufeinanderfolgen; aufeinandertreffen	
Aufsehen erregendes, ein – Ereignis	auch: *aufsehenerregendes, ein – Ereignis*
Aufsicht führende, der – Lehrer	auch: *aufsichtführende, der – Lehrer*
aufwärtsgehen (besser werden)	
auseinandersetzen	
B	
beieinandersitzen	
bekannt machen	auch: *bekanntmachen* (vorstellen; zur Kenntnis bringen)
besser gehen, ihr wird es bald –	auch: *bessergehen, ihr wird es bald –*
bleibenlassen (unterlassen)	
breit gefächert	auch: *breitgefächert*
D	
dahinterkommen (entdecken)	
darüberstehen	
daruntergelegen	
Daten verarbeitend	auch: *datenverarbeitend*
davorstellen	
dortbleiben	
du, dein, dich (in Briefen)	auch: *Du, Dein, Dich* (in Briefen)
dünn besiedelt	auch: *dünnbesiedelt*
durcheinanderbringen	
E	
eigen, sich zu – machen	
einiggehen	

Eisen verarbeitende Industrie	auch: *eisenverarbeitende Industrie*
eislaufen	
ernst gemeint	auch: *ernstgemeint*
erste Hilfe	auch: *Erste Hilfe*
eu(e)re Kinder (in Briefen)	auch: *Eu(e)re Kinder* (in Briefen)
F	
fernliegen	
fertigbringen; fertigstellen	
fest angestellt	auch: *festangestellt*
fest umrissen	auch: *festumrissen*
flüssigmachen (Geld)	
G	
gegeneinanderstoßen	
gehenlassen (sich)	
genau genommen	auch: *genaugenommen*
gerade stellen	auch: *geradestellen*
gering schätzen	auch: *geringschätzen*
getrennt lebend	auch: *getrenntlebend*
gleich lautend	auch: *gleichlautend*
gut aussehend	auch: *gutaussehend*
gut unterrichtet	auch: *gutunterrichtet*
H	
Halt machen	auch: *haltmachen*
hängenbleiben (im Gedächtnis bleiben)	
hängenlassen (im Stich lassen; sich gehen lassen)	
heimlichtun (geheimnisvoll tun)	
hierbleiben	
Hilfe suchend	auch: *hilfesuchend*
hintereinanderschalten	
I	
ihr seid (in Briefen)	auch: *Ihr seid* (in Briefen)
nicht im Mindesten	auch: *nicht im mindesten*
ineinandergreifen	
K	
kennen lernen	auch: *kennenlernen*
klar werden	auch: *klarwerden*
kopfstehen	
kürzertreten	

L	
laufenlassen (entkommen)	
leichtfallen; leichtmachen	
leicht verderblich; leicht verständlich	auch: *leichtverderblich; leichtverständlich*
liegen bleiben; liegen lassen	auch: *liegenbleiben; liegenlassen*
M	
Maß halten	auch: *maßhalten*
müßiggehen	
N	
nahe liegen; nahe liegend	auch: *naheliegen; naheliegend*
näher liegen	auch: *näherliegen*
nahe stehen; nahe stehend	auch: *nahestehen; nahestehend*
nebeneinanderstellen	
neu eröffnet	auch: *neueröffnet*
nichts sagend	auch: *nichtssagend*
O	
oben erwähnt; oben stehend	auch: *obenerwähnt; obenstehend*
offenbleiben; offengeblieben(e) (Frage)	
offengebliebene, die – Tür	
offenlassen; offengelassen(e) (Frage)	
offengelassene, die – Tür	
offenstehen; offengestanden(e) (Frage)	
offengestandene, die – Tür	
P	
parallel laufend	auch: *parallellaufend*
pleitegehen	
R	
richtigstellen (Aussage)	
rückwärtsgegangen	
ruhenlassen (Verfahren)	
S	
sauber machen	auch: *saubermachen*
Schwarze, das – Brett (Anschlagtafel)	
schwerfallen (Aufgabe)	
schwernehmen (etwas)	
schwertun (sich)	
schwer verständlich	auch: *schwerverständlich*

sitzenbleiben (nicht versetzt werden)	
sitzenlassen (im Stich lassen)	
steckenbleiben (stocken)	
steckenlassen (Geld)	
stehenbleiben (Uhr)	
stehenlassen (nicht länger beachten)	
streng genommen	auch: *strenggenommen*
U	
übel nehmen (nicht verzeihen)	auch: *übelnehmen*
überhandnehmen	
übrig bleiben (keine andere Wahl haben)	auch: *übrigbleiben*
Unrecht haben/behalten/bekommen	auch: *unrecht haben/behalten/ bekommen*
unten stehend	auch: *untenstehend*
untereinanderstehen	
V	
verloren gehen	auch: *verlorengehen*
viel befahrene, die – Straße	auch: *vielbefahrene, die – Straße*
viel gelesene, das – Buch	auch: *vielgelesene, das – Buch*
vorliebnehmen	
vorwärtsgehen; vorwärtskommen	
W	
weit reichend	auch: *weitreichend*
weit verbreitet	auch: *weitverbreitet*
Z	
Zeit lang, eine –	auch: *Zeitlang, eine –*
zueinander finden	auch: *zueinanderfinden*
zufriedengeben (sich)	
zufrieden stellen	auch: *zufriedenstellen*